LIVRET

EXPLICATIF DES OUVRAGES

de Peinture, Sculpture, Dessin, Gravure, etc.

ADMIS A L'EXPOSITION

DE LA

SOCIÉTÉ ARTISTIQUE

DE BAYONNE,

FONDÉE EN 1862.

DEUXIÈME EXPOSITION. — 1863.

Prix : 50 c.

A BAYONNE,

AU SALON DE L'EXPOSITION, A LA MAIRIE.

Exposition de 1863

LIVRET

EXPLICATIF DES OUVRAGES

de Peinture, Sculpture, Dessin, Gravure, etc.

ADMIS A L'EXPOSITION

DE LA

SOCIÉTÉ ARTISTIQUE

DE BAYONNE,

FONDÉE EN 1862.

DEUXIÈME EXPOSITION. — 1863.

Prix : 50 c.

A BAYONNE,

AU SALON DE L'EXPOSITION, A LA MAIRIE.

BAYONNE. — IMPR. VEUVE LAMAIGNÈRE, RUE CHEGARAY, 39.

Récompenses décernées

A LA SUITE DE L'EXPOSITION DE 1862

EN SÉANCE SOLENNELLE

Le 21 *Décembre* 1862.

Médailles de vermeil :

MM. Bonnat (Léon-Florentin). — Galos (Victor). — Zo (Achille).

Médailles d'argent :

Mme Feillet (Hélène) — MM. Hannoteau.—Oury.—Massenot.—Michaud (Hippolyte).—Notermann (Zacharie).

Médailles de bronze :

MM. Appian (Adolphe).— Brissot (Félix). — Diart (Jules). —Drouyn (Léo). — Dubouché (Adrien). — Jeaniot (Pierre-Alexandre).— Latour. — Martin (Paul). — Mme Pelletier (E. Laurent). — Portier (Adolphe). — Mme Poitié (Louise). — MM. Simon (François). — Venat (Victor).

Mentions honorables :

MM. Brun (Joseph-Félix-Eugène). — Cornu (Jean). — Durand (Gabriel).— Mlle Fraser (Marie).— Mme Lagatinerie (la baronne de).—MM. Marquizet (Emile).— Moreau (Nicolas). — Patrois (J.). — Mlle Puvis (Isabelle). — Mme Puyroche-Vagner (Elise).— MM. Serres (Antony).—Trévoux (Joseph).

OBJETS D'ART

ACQUIS PAR LA COMMISSION

POUR LA LOTERIE

A la suite de l'Exposition de 1862.

MM. Achille Zo : Le Mendiant Aveugle.
Le Poitevin : La Vigie des Naufrageurs.
Th. Frère : Une Halte en Syrie.
Lobbedez : La Petite Bohémienne.
Hagemon : Chèvres.
Lemmens : Coqs et Poules.
Lalanne : Dessins.
Portier : Gravures.

OBJETS D'ART

ACQUIS PAR LES AMATEURS

Dans le courant de l'Exposition de 1862.

MM. Benard : Paysages.
Carlier : Baigneuses.
Couturier : Poules.
Deshayes : Le Moulin.
Diaz : Coucher de Soleil.
Faure : La Petite Cuisinière.
Fort : La Charrue.
Froelich : Biche dans la Forêt.
Gairoard : Le Carnaval à Rome.
Hagemon : Chèvres.
Lemmens : Coqs et Poules.
Lortet : Le Lac de Genève.
Merme : Paysages.
Mme Pelletier : Fruits au Pastel.
MM. Rozier : Paysages.
Rozier (Jules) : Paysage.
Venat : Les Bords du Gave.
Villevieille : Un Soir.
Zo : Scène espagnole.
Lalanne : Fusains.
Fourdrin : Sujets en terre cuite.
Portier : Gravures.

EXPLICATION

des signes et abréviations.

Ment. hon. : Mention honorable.
Méd. 3e cl. : Médaille de troisième classe.
Méd. 2e cl. : Médaille de deuxième classe.
Méd. 1re cl. : Médaille de première classe.
❋ : Chevalier de l'Ordre impérial de la Légion d'honr.
O ❋ : Officier idem. idem.
C ❋ : Commandeur idem. idem.

AVIS.

L'Exposition sera ouverte tous les jours de **10** **6** heures.

Le droit d'entrée est fixé comme suit :

Le Dimanche, **25** c. ;

Le Vendredi, **1** fr. ;

Les autres jours de la semaine, **50** c.

Le prix des tableaux et œuvres d'art de l'Expositi se trouve indiqué sur un livret spécial déposé dans mains des agents de l'Exposition.

On peut devenir **Souscripteur-Actionnaire** en v sant la somme de **20** fr. au secrétariat. Cette cotis sation donne droit à l'entrée gratuite et personnel et à **20** billets de la Loterie des œuvres d'art acquis par la Société, qui est tirée à la fin de l'Exposition.

On trouve des billets de Loterie dans le local l'Exposition. Le prix du Billet est de **1** fr.

SOCIÉTÉ
ARTISTIQUE
DE BAYONNE.

ADMINISTRATION.

Présidents honoraires :

MM. J. LABAT, Maire.
G. D'AURIBEAU, Préfet des Basses-Pyrénées.
FALCON DE CIMIER, Sous-Préfet.
LORD HOWDEN, marquis DE CARADOC.
Général baron DURRIEU, commandant la 13e division.

—

A. RONDEL, *Président.*
Alb. DE LARRALDE-DIUSTÉGUY, *Vice-Président.*
Alp. BERTRAND, *Vice-Président.*
A. DÉTROYAT, *Trésorier.*
E. BLANCHARD, *Secrétaire-Archiviste.*
E. MAZE, *Secrétaire.*

Administrateurs :

A. DESCANDE.
Adre D'ARCANGUES.
G. LÉON.
A. MARQFOY.
A. MARTIN.
AZPARREN.

Liste des Souscripteurs.

MM. Caradoc (le général).	5	acts
Balasque (Jules), juge au Tribunal de 1re inst.	2	»
Dubouché (Adrien), de Limoges.	2	»
Labrouche (Félix), rentier.	2	»
Poydenot (Henry), armateur.	2	»
Rondel, directeur de la succursale de Bayonne.	2	»
Ader (Jean), rentier.	1	»
Albano, architecte.	1	»
Albano (Mme).	1	»
Ancelet, architecte	1	»
Apestéguy, armateur.	1	»
Arcangues (Miguel d').	1	»
Arcangues (Bernardo d').	1	»
Arcangues (Alexis d').	1	»
Arcangues (Alexandre d').	1	»
Arcangues (Bernardo neveu d').	1	»
Azparren, photographe.	1	»
Barbe, mécanicien.	1	»
Baron, propriétaire.	1	»
Bergeret (Joseph), négociant.	1	»
Bertrand, architecte.	1	»
Blanchard, rentier.	1	»
Caillou, entrepreneur.	1	»
Capagorry, pâtissier.	1	»
Cassaigne, négociant.	1	»
Castencau, négociant.	1	»
Caupenne (de), officier supérieur en retraite.	1	»

Cenoz (Miguel), négociant.	1	»
Cétran, négociant.	1	»
Charlestéguy, négociant.	1	»
Chateauneuf, avocat.	1	»
Chauvizé, ingénieur des chemins de fer du Midi.	1	»
Clérisse, médecin.	1	»
Commez (Auguste), banquier.	1	»
Cotery, tailleur.	1	»
Courrèges (J.-B.), architecte.	1	»
Cypers, limonadier.	1	»
Dagrant, fleuriste.	1	»
Daguenet, ingénieur des ponts et chaussées.	1	»
Darralde (Eugène), receveur particulier.	1	»
Darralde (Albert), substitut du procur. impér.	1	»
Darricau, médecin.	1	»
Dasconaguerre, notaire.	1	»
Debias, directeur des douanes.	1	»
Décham, entrepreneur.	1	»
Décrept (Louis), doreur.	1	»
Delaloge, officier supérieur en retraite.	1	»
Delvaille, médecin.	1	»
Détroyat (Émile), négociant.	1	»
Détroyat (Achille), négociant.	1	»
Détroyat (Arnaud), négociant.	1	»
Despourrins, juge de paix.	1	»
Descande, constructeur de navires.	1	»
Dhiriart (Thre), notaire.	1	»
Dhiriart (Armand), rentier.	1	»
Dihursubéhère, négociant.	1	»
Duboy, pharmacien.	1	»
Dubrocq (Joachim), rentier.	1	»
Ducassou (Edouard), rentier.	1	»

MM. Duclerc (Eugène), ancien ministre. 1
Duhalde, notaire. 1
Dulaurens, bibliothécaire de la ville. 1
Dupons, officier supérieur en retraite. 1
Durand, pâtissier. 1
Durrieu (le général). 1
Dutihil, entrepreneur. 1
Etcheparre (Gustave), négociant. 1
Etcheverry (J.-B.), député au Corps Législatif. 1
Fagalde, chocolatier. 1
Farnié, limonadier. 1
Faulat, architecte. 1
Feillet (Mlle Hélène), peintre. 1
Fourcade (Louis), négociant. 1
Fondclair (de), banquier. 1
Fréron Bernadou, négociant. 1
Frois (Paul), rentier. 1
Froment, négociant. 1
Furtado (Auguste), négociant. 1
Garragorry (de), rentier. 1
Garay (Gustave), greffier du Tribunal de 1re inst. 1
Garcia (Ignacio), banquier. 1
Gardilanne, négociant. 1
Gavardie (de), juge d'instruction. 1
Giquiau, bijoutier. 1
Giron (Alphée), négociant. 1
Goesmann, tailleur. 1
Gomès (Isidore), banquier. 1
Gomès (Jules), banquier. 1
Goyetche (Léonce), dr de la Cie *Transatlantique*. 1
Grellet, brasseur. 1
Guichot, négociant. 1

Halsouet (Armand), négociant.	1	»
Haramboure, négociant.	1	»
Haulon jeune, négociant.	1	»
Hennebutte (Mme), peintre.	1	»
Hiriart (Pierre), tanneur.	1	»
Hourcade (Ernest), négociant.	1	»
Hourquet (J.-B.) rentier.	1	»
Hugon, mécanicien.	1	»
Hurt, rentier.	1	»
Javain (le colonel).	1	»
Labat (Jules), rentier.	1	»
Labourt (Bte), boucher.	1	»
Laborde-Noguez (de), propriétaire.	1	»
Laffargue, banquier.	1	»
Lafont (Arthur), avocat.	1	»
Lafont (Joseph), banquier.	1	»
Lagrolet (J.-B.), négociant.	1	»
Lahirigoyen (Amand), banquier.	1	»
Lahirigoyen-Garat, propriétaire.	1	»
Lanabère, notaire.	1	»
Lantharet, curé de Saint-André.	1	»
Larralde (Clément), rentier.	1	»
Larralde-Diustéguy (Alex. de), procur. impér.	1	»
Larralde-Diustéguy (Albert de), rentier.	1	»
Lasserre, médecin.	1	»
Lassus-Pomés, chef d'institution.	1	»
Lavigne (J.-B.), négociant.	1	»
Lebas, mécanicien.	1	»
Lebreton, négociant.	1	»
Lecorbeiller, officier supérieur en retraite.	1	»
Léglise, négociant.	1	»
Léon (Alexandre), négociant.	1	»

MM. Léon (Henry), négociant. 1
Léon (Virgile), négociant. 1
Léon fils aîné, négociant. 1
Léorat, négociant. 1
Leremboure, avocat. 1
Manches (Adrien), négociant. 1
Marignan (de), propriétaire. 1
Marqfoy (Auguste), rentier. 1
Martin (Adrien), rentier. 1
Maze (Albert), négociant. 1
Maze (Emile), négociant. 1
Miramon (Eugène de), banquier. 1
Monfort (de), propriétaire. 1
Moulia (Achille), négociant. 1
Moulis, dentiste. 1
Muidebled, entrepreneur. 1
Navarro (de), consul d'Espagne. 1
Nazereau (Edouard), ferblantier. 1
Onslow, percepteur de Biarritz. 1
Owen (le colonel). 1
Pambrun, négociant. 1
Petit, médecin. 1
Personnaz, négociant. 1
Personnaz (Gabriel), négociant. 1
Pinatel, négociant. 1
Ponteil, négociant. 1
Pouráilly, tapissier. 1
Pouyet, rentier. 1
Poylo, rentier. 1
Prévôt, chapelier. 1
Prieur-Bergé, rentier. 1
Prieur (Silvain), rentier. 1

MM. Puente (Luis de la), négociant.	1	»
Quevedo (J. de), rentier.	1	»
Recart, entrepreneur.	1	»
Rignon (le baron), directeur du *Messager*.	1	»
Rodrigues (Hippolyte), banquier.	1	»
Roquebert, notaire.	1	»
Rougier, conservateur des hypothèques.	1	»
Rouquette (Alfred), négociant.	1	»
Russac (Th.), négociant.	1	»
Sabatier (le colonel).	1	»
Saint-Vanne, architecte.	1	»
Salles, médecin.	1	»
Salzedo (Numa), rentier.	1	»
Saubot-Damborgez, notaire.	1	»
Saubot-Damborgez (Félix), avocat.	1	»
Sublet, avocat.	1	»
Teinturier (Amédée), maître d'hôtel.	1	»
Veisaz, secrétaire de la mairie.	1	»
Zo (Charles).	1	»

LISTE GÉNÉRALE

DES

OBJETS D'ART

ADMIS A L'EXPOSITION DE 1863.

ACCARD (EUGÈNE), né à Bordeaux, élève de M. Abel de Pujol.

Ment. hon. Paris 1863. — Méd. d'arg. à Rouen 1862.

A Paris, boulevard Poissonnière, maison du Pont-de-Fer.

1 — Avant le bal.

AIZELIN (Mme SOPHIE), née à Dijon (Côte-d'Or), élève de MM. Devosge et Bude.

Ment. hon. Paris 1861.

A Paris, rue du Cardinal-Lemoine, 9.

2 — La promenade du prisonnier.

3 — Le gué; pastel.

APPIAN (ADOLPHE), né à Lyon (Rhône), élève de MM. Corot et Daubigny.

Méds Nîmes, Montpellier, Metz, Dijon, Genève, Moulins, Bayonne. — Ment. hon. Paris. — 2e Méd. Paris. — [EX].

4 — Paysage; fusain.

5 — Id. id.

6 — Id. id.

ARMAND.

7 — Paysage (Orient).

BATEZAT (Mlle THÉRÈSE), élève de M. L. Mousque
A Bordeaux, rue Saint-Laurent, 19.

8 — Etude d'enfant.

BAVOUX (CHARLES-JULES-NESTOR), né à Lac-au Villiers (Doubs), élève de M. Picot.
A Besançon (Doubs), rue Neuve, 21.

9 — Paysage du Doubs.

BELLANGÉ (EUGÈNE), né à Rouen (Seine-Inférieure), élève de M. Bellangé, son père, et de M. Picot.
A Paris, rue de Douai, 57.

10 — Une épisode de Magenta.

Entourés par les Autrichiens, les défenseurs d'un canon de la garde impériale se font, à l'exemple de leur adjudant, tuer bravement sur leur pièc plutôt que de se rendre. (Historique.)

11 — Une culbute à Palestro (campagne d'Italie).

12 — Halte de zouaves (Lombardie).

BELLANGÉ (JOSEPH-LOUIS-HIPPOLYTE), né à Paris élève de Gros.
Méds 2e cl. (Genre historique), 1824-1855. — ✻ 1834. — ✻ O 1861.
A Paris, chez M. Durand-Ruel, rue de la Paix, 1.

13 — Soldats polonais blessés recevant l'hospitalité dans un village français.

Episode de l'insurrection de 1831.

BÉNARD (Hubert-Eugène), né à Boulogne-sur-Mer (Pas-de-Calais), élève de M. Cl. Jacquand.
Méds arg. Amiens 1860. — Br. Rouen 1860-1862. — Br. Metz 1861. — Arg. Boulogne-sur-Mer 1862.

14 — La Tour Victoria et la Chambre des Lords, vue prise du quai Milbanck.

15 — Les moulins du Crotoy, embouchure de la Somme (Picardie).

16 — Ruines du château d'Arc, Crotoy (Picardie), mer baissante.

17 — Entrée de Boulogne-sur-Mer, effet du matin.

18 — Goudronnage d'un bateau pêcheur, cale de radoub de Boulogne-sur-Mer.

19 — Le fort Vauban (Ambleteuse), près Boulogne.

20 — Vimereux, près Boulogne.

BENTABOLE (Louis), né à Paris, élève de M. Eug. Isabey.

A Paris, rue Pigale, 22.

21 — Une plage aux environs de Boulogne.

22 — Marée basse, plage de Boulogne.

BÉRANGER (Jean-Baptiste-Antoine-Emile), né à Sèvres (Seine-et-Oise).
Méds 3e cl. (Genre) 1846. — 2e cl. 1848.

A Paris, chez M. Durand-Ruel, rue de la Paix, 1.

23 — Le retour de la promenade.

BERTAUT (Mlle He).

A Paris, boulevard des Martyrs, 11.

24 — La Marguerite.

25 — Un Pifferaro.

BERTHELEMY (Emile).

Méd. d'arg. Boulogne-sur-Mer. — Méd. de verm Rouen 1860. — Méd. Académie Imp. 1859. — Méd. de verm. Amiens 1861. — Ment. hon Paris 1861.

26 — Matelots attaqués par des morses.

27 — Effet de lune en mer.

BIDOT (Clément-Amédée), élève de M. Léon Cogniet.

A Paris, cours du Dragon, 10.

28 — Une jeune martyre dans sa prison.

29 — La jeunesse de Prud'hon.

Un jour les moines de Cluny le surprirent dessinant d'après les peintures de l'abbaye. Ils encouragèrent ses premiers essais et le firent entrer à l'école de peinture de Dijon.

BLEZER (Joseph-Clément de), élève de M. Clesinger.

A Paris, rue Popincourt, 97.

30 — Souvenir de gloire; groupe en bronze. (Edité sous le patronage de S. M. l'Empereur.)

BLIN (François), né à Rennes.

A Paris, rue de l'Ouest, 56.

31 — Paysage.

BLOC (Mlle Emma).

A Paris, rue du Château-d'Eau, 58.

32 — La fortune et le jeune enfant, d'après Paul Baudry.

33 — Un rêve de bonheur, d'après Mlle Constance Mayer.

34 — Vierge à la crèche, d'après le tableau de l'école de Parme.

BOHM (Auguste), né à Ypres (Belgique), élève de MM. Fr. Bohm et J. Cogniet.

Méd. de 2e cl. à Bruxelles. — Méd. de 1re cl. à Bruges. — Méd. de 1re cl. à Ypres. — Ment. hon. à Rouen.

A Paris, 39, rue de Douai.

35 — Bords de la Marne, à Champigny.

BOILLY (Eugène), né à Toulouse (Haute-Garonne), élève de M. Léon Cogniet.

A Toulouse, rue de l'Université; et à Paris, chez M. Hauguet, rue de Lille, 74.

36 — La prière à la Vierge.

37 — Bords de la Creuse.

BONHEUR (Isidore).

A Paris, chez M. Peyrol, rue Hautefeuille, 54.

38 — Un taureau se défendant contre un ours ; groupe en bronze.

39 — Une brebis égarée ; groupe en bronze.

BONNAT (Léon-Joseph-Florentin), né à Bayonne (Basses-Pyrénées), élève de MM. Frédéric de Madiozo et Léon Cogniet.

Prix de Rome. — Méd. 3 cl. (Histoire) 1861. — Rappel. (Genre). 1863. — [EX].

A Paris, rue Turgot, 23.

40 — Maria.

41 — Portrait de M. L.

42 — Id. de M. D.

BORREL (ALFRED), élève de son père et de MM. Jouffroy et Mery.

A Paris, rue d'Anjou-Dauphine.

43 — Médaille à l'effigie du comte de Cavour; bronze.

44 — Id. Prix de l'exposition de Marcq ; id.

45 — Id. à l'effigie de M. Bardou ; id.

BOUDIN.

46 — Marines.

47 — Id.

BOUGUEREAU (WILLIAM-ADOLPHE), né à la Rochelle (Charente-Inférieure).

Méds 2e cl. 1855. — 1re cl. 1857. — Exp. Paris, ✻ 1859.

A Paris, chez M. Durand-Ruel, rue de la Paix, 1.

48 — Le baiser fraternel.

49 — L'heureuse mère.

BOURDIN (Mme AMÉLIE).

A Paris, rue de Verneuil, 25.

50 — Intérieur de la fonderie d'objets d'art pendant le coulage de la fonte.

BOURGES (Mlle PAULINE-ELISE), née à Paris, élève de MM. Th. Salmon et Ed. Frère.

A Paris, rue St-Georges, 54.

51 — La prière.

52 — Les petits soldats.

BOURGEOIS (Mlle HORTENSE), élève de M. L. Cogniet.

A Paris, boulevard Beaumarchais, 73.

53 — Portrait de S. M. l'Impératrice, d'après Vinterhalter.

54 — Etude d'enfant, d'après Mlle Eudes de Guimard.

BOURGEOIS (J.).

A Paris, rue du Regard, 3.

55 — Vue prise à Thiers; aquarelle.
56 — Marée montante à Boulogne; id.
57 — Château de Blois, effet de nuit; id.
58 — Partie de forêt dans le Tyrol; id.;
59 — Forêt de Fontainebleau, soleil couchant.
60 — Chute d'eau à Thiers.

BOUTERWET (FRÉDÉRIC), élève de Paul Delaroche et Horace Vernet.

Méd' 3e cl. (Histoire) 1837. — 2e cl. 1838. — 1re cl. 1841.

A Paris, boulevard des Martyrs, 1.

61 — Psyché.

BRILLOUIN (LOUIS-GEORGES), né à St-Jean-d'Angély (Charente-Inférieure), élève de MM. Drolling et Cabat.

Ment. hon. 1863. — Exp. Paris.

A Paris, chez M. Durand-Ruel, rue de la Paix, 1.

62 — Rembrandt dans son atelier.

BRISSOT DE WARVILLE (FÉLIX-SATURNIN), né à Sens (Yonne), élève de M. Léon Cogniet.

A la Malmaison, près Rueil.

63 — Souvenirs des Pyrénées.

BRUNNER-LACOSTE.

A Paris, rue de La Harpe, 49.

64 — Le bénitier fleuri.
65 — Les deux faisans.

66 — Le déjeûner.

67 — Fleurs.

BRUNE-PAGÈS (Mme).

A Paris, chez M. Durand-Ruel, rue de la Paix, 1.

68 — Rêverie.

BRUYAS (MARC), né à Lyon (Rhône), élève de M. F. Grobon et de l'Ecole des Arts de Lyon.

A Lyon, rue de Penthièvre, 21.

69 — Nature morte.

BRUVAS.

70 — Fruits.

BRUYER (J).

A Paris, rue Muller, 14.

71 — Petite figure de sainte Thérèse ; en aluminium.

BURAT (Mlle FANNY), née à Blois (Loir-et-Cher), élève de M. Jacobbes.

Ment. hon. Nantes 1861.

A Paris, rue St-Lazare.

72 — Fleurs et fruits; porcelaine.

CABANEL (ALEXANDRE), né à Montpellier (Hérault), élève de M. Picot.

1er Gd Prix de Rome (Histoire) 1845. — Méds 2e cl. (Histoire) 1852. — 1re cl. 1855. — ✠ 1855.

A Paris, chez M. Durand-Ruel, rue de la Paix, 1.

73 — La veuve du maître de chapelle.

CAROLUS, né à Bruxelles, élève de MM. Navez et Bracklaer.

A Paris, chez M. Durand-Ruel, rue de la Paix, 1.

74 — L'absence.

CARON (EUGÈNE), né à Paris, élève de M. Remond.
A Carrières-sous-Poissy (Seine-et-Oise).

75 — Une romance.
76 — Un dessert.
77 — Fruits.

CASTELNAU, né à Montpellier, élève de MM. Calame et Gleyre.
A Montpellier, rue Salle-l'Evêque, 12; à Paris, rue Taitbout, 61.

78 — La veuve Cedenole.

CAUMON (JEAN), à Bayonne.

79 — Une canne marqueterie.

CHAMERLAT (JULES), élève de M. Léon Cogniet.
A Paris, rue de Rivoli, 18.
Méd. de vermeil (Rouen 1862).

80 — Jérusalem! Jérusalem!

V. 5. Le Seigneur a été comme un ennemi, il a abîmé Israël, il a abîmé tous ses palais, il a dissipé toutes ses forteresses et il a multiplié dans la fille de Juda le deuil et l'affliction.

V. 10. Les anciens de la fille de Sion sont assis à terre et se taisent; ils ont mis de la poudre sur leur tête, ils se sont ceints de sacs; les vierges de Jérusalem baissent leur tête vers la terre.

V. 21. Le jeune enfant et le vieillard ont été gisants à terre par les rues; mes vierges et mes gens d'élite sont tombés par l'épée, tu as tué au jour de ta colère, tu as massacré, tu n'as rien épargné.

(*Lamentations de Jérémie*, chap. 2.)

CHANDELIER (J.).
A Paris, rue de Seine, 53.
81 — Vallée de Dampierre.

CHARPENTIER-BOSIO (Amédée), élève de M. Pico
A Paris, rue du Four-Saint-Germain.
82 — L'eau bénite de cour.

CHARPENTIER (Alfred).
A Paris, rue Richelieu, 38.
83 — La mare au Richard-à-Vilaine (Seine-et-Marne
84 — Souvenir de Bade; peinture à la cire composé

CHARPENTIER (Eugène), élève du baron Géra
et de L. Cogniet.
Méd. de 3e cl. et rappel 1851.
A Versailles, rue de Provence, 1.
85 — La mort d'un ami.

CHATAUD, né à Marseille, élève de M. Loubon.
A Marseille, rue Nicolas, 16; à Paris chez M. Paul Guigou, 51, rue de l'Abbaye, à Montmartre.
86 — Un caravansérail; environs de Blidah.

CHATROUSSE (Emile), élève de MM. Rude et Ab
de Pujol.
Prix de l'Institut. — Méd. 3e cl. 1863. — Exp
Paris.
A Paris, rue Notre-Dame-des-Champs, 115.
87 — La petite vendangeuse; terre cuite.

CLOUET (Félix), né au Puiset (Eure-et-Loir), élève de M. E. Leconte.

A Paris, rue de Sèvres, 41, et au Puiset.

88 — Un canard, nature morte.

89 — Une aiguière.

COLIN (Gustave), né à Arras, élève de M. Corot.

90 — Joueurs de pelote avant la partie (Fontarabie).

91 — Margarytta, étude à Ciboure.

COLIN LIBOUR (Mme Marie-Alphonsine), élève de MM. Rude, Ch.-L. Muller et F. Bouvin.

A Paris, rue de la Bienfaisance, 7.

92 — La toilette du petit frère.

COMBY.

A Toulouse, Allées St-Michel, 6.

93 — Souvenir de St-Martin, environs de Toulouse.

94 — Effet du matin.

COMTE (Pierre-Charles), né à Lyon, élève de M. Robert Fleury.

Méds de 3e cl. (genr. hist.) 1852; 2e cl. 1853-1855; ✠ 1857.

A Paris, chez M. Durand-Ruel, rue de la Paix, 1.

95 — François Ier et la duchesse d'Etampes visitant l'atelier de Benvenuto-Cellini.

CONIN (Casimir-Adolphe), né à Caen (Calvados), élève de M. Lassus.

A Paris, rue Saint-Lazare, 14.

96 — Projet de maison de campagne.

97 — Projet de châlet pour le général Binaciard, à Constantinople.

COOMANS (JOSEPH).

Méd. verm. à Bruxelles 1848. — Méd. d'or à L
Haye 1859. — Méd. de 1re cl. à Metz. — Méd
arg. à Rouen 1863.

98 — Le vallon.

99 — Confidence.

COSSMAN (MAURICE).

2e Prix de dessin, ment. hon. Paris.

A Paris, rue Dupiné, 17.

100 — Une odalisque.

COTELLE-HEBERT, né à Melun (Seine-et-Marne)

Rue du Palais-de-Justice, 86.

101 — Les premiers pas.

COUTURIER (PHILIBERT-LÉON), élève de M. Picot

Méd. de 3e cl. Exp. Paris.

A Paris, chez M. Chailloux, rue de Laval, 17.

102 — Faucon poursuivant des canards.

103 — Canards surpris par un putois.

DAGRANT (GUSTAVE), né à Bordeaux, élève d
M. Villet.

104 — Soleil dans la forêt ; peinture sur verre.

105 — Pyrénées (effet du matin) ; id.

106 — Château de Blanquet (Gironde) ; id.

107 — Château de Langoiran (Gironde) ; id.

DALIPHARD (EDOUARD), né à Rouen, élève d
MM. G. Morin et Quinaux, de Bruxelles.

Méd. br. à Rouen 1862.

A Poissy, rue de Paris, 1.

108 — Le soir ; bords de la Seine, à Migneaix, prè
Poissy (Seine-et-Oise).

109 — Matinée de printemps à Bois-le-Roi, près Fontainebleau.

110 — La grande mare de Genck ; matinée de juillet.

DANANCHE (Mme JULIETTE-XAVIER DE), née à Paris, élève de M. Robert Fleury.

A Paris, rue de Bruxelles, 17, et à Saint-Amour (Jura).

111 — Paysanne franc-comtoise.

112 — Le joueur de flûte.

DANANCHE (XAVIER DE)

A Paris, rue de Bruxelles, 17, et à Saint-Amour (Jura).

113 — Le soir.

DANSAERT (LÉON), élève de M. Ed Frère.

A Ecouen, rue de la Beauvette, 8 (Seine-et-Oise).

114 — Le coin du feu.

115 — La préservation.

DAVID (ETIENNE).

A Paris, rue du Four-Saint-Germain.

116 — MM. le duc de Morny, Larrabure, Etcheverry, E. Olivier, Corta, O'Quin, députés ; baron Leroy, comte Murat.

Portraits tirés de l'ouvrage en cours de publication, ayant pour titre : *Galerie des grands corps de l'Etat.*

DÉCREPT (SÉBASTIEN), né à Bayonne, élève de MM. Gallian et Feillet.

A Bayonne, rue de l'Évêché, 8.

117 — Maria, souvenir de Saint-Jean-de-Luz.

118 — Bernardo le cibourien.

DEHAUSSY (Auguste), né à Peronne (Somme
élève de son père et de M. Th. Fragonard.
Méd. de 3e cl. Exp. Paris et à Besançon.

119 — Philippe IV visitant l'atelier de Velasquez.

Le roi demande qui a peint ce bel ouvrage
Pareja, l'esclave du peintre, lui est désigné. Pare
s'est jeté à ses pieds. Velasquez le relève, et l
accordant sa liberté l'admet, à la recommandati
de Philippe IV, au nombre de ses élèves.
(Notice de Louis Viardot.)

120 — Un fumeur.

DELACROIX (Auguste), né à Boulogne-sur-Mer.
Méd. de 3e cl. 1839; 2e cl. 1841; 1re cl. 1846.
A Paris, rue de la Chaussée-d'Antin, 27 bis.

121 — Femmes de brigands; costumes des Abruzze.

DESJARDINS (Inard-Louis), né à Paris, élève d
MM. Gros et Gaucheri.
Ment. hon. Paris 1861. (Gravure).
A Paris, rue de l'Ouest, 94.

122 — Un jour avant la noce.
123 — Dix ans après.
124 — Chiens de chasse.
125 — Napoléon.
126 — Fleurs.
127 — Paysage.

DIDIER (Francisque).
A Saint-Mandé, Grand'rue, 42 (près Paris).

128 — Intérieur de forêt, Fontainebleau.

DONZEL (Ch.), né à Besançon.

A Paris, rue des Martyrs, 33.

129 — Le pays de Monsieur Antoine, vue prise de la Creuse.

130 — Le gué de Gery, vue prise sur la Vienne (Limousin).

DOZE (Jean-Marie-Melchior), né à Uzès (Gard), élève de M. Joseph Félon.

Méd[s] de br., d'arg. Exp. de Nîmes 1849-1854-1860. — Méd. arg. à Montpellier 1860. — G[de] méd. à Lyon 1861. — Ment. hon. à Paris 1861 et 1863.

131 — Le Christ descendu de la Croix.

132 — Une cuisinière.

DRODIN, élève de M. Jouffroy.

A Paris, rue de Vaugirard, 107.

133 — Statuette en chêne.

DUBOIS (Désiré), né à Fleurbaix (Pas-de-Calais).

Méd. à l'exp. univers. de Metz 1861.

A Arras; et à Paris, ches M. Cros, rue Chapon, 48.

134 — Paysage; composition.

135 — Id. id.

136 — Paysages: sites des environs de Namur (Belgique).

DUBOUCHÉ (Adrien), né à Limoges.

Méd[s] d'or, d'arg., de bronze, à Limoges, Rouen, Metz, Besançon, Bayonne.

137 — Bords de la Vienne, à la Gabie.

138 — Vue prise à Jarnac (Charente).

139 — L'allée de Mimissou, à Limoges.
140 — Bords de la Charente.
141 — Environs de Cauterets.

DUMARESCQ (ARMAND).
Méd. de 3e cl. 1861-1863. Exp. Paris.
A Paris, rue de Laval, 23.

142 — Une charge en fourrageur.

FANART (ANTONIN).
Ment. hon. à Paris 1861.
A Besançon, rue Neuve, 6.

143 — Un vallon dans le Jura, environs de Besançon
144 — Un massif de saules sur les bords de la Loire.
145 — Moisson dans le val d'Amour (Jura).

FAXON (RICHARD), né à Bordeaux, élève de M. Durand-Brager.
Méd. d'arg. Nantes 1861.
A Bordeaux, Allées-d'Orléans, 2.

146 — Vaisseau incendié (XVIIe siècle).
147 — Le grain.
148 — La Garonne à Bordeaux, près Bassens.

FAYOLLE (Mlle AMÉLIE-LÉONIE), élève de M. Léon Cogniet.
A Paris, rue de Dunkerque, 29.

149 — Scène italienne.

FEILLET (HÉLÈNE), née à Paris, élève de son père et de Ary Scheffer.
Méds arg., Toulouse, Bayonne, Bordeaux.
A Bayonne, rue d'Espagne, 6.

150 — La fille de Jaïre ressuscitée.

FOURDRIN.

Méd. arg. 1re cl. St-Lô. — Ment^{s} hon^{s} Alençon et Montpellier.

A Dieppe, rue de la Barre, 86.

151 — Un groupe de villageois au repos.
152 — Mendiant avec enfant.
153 — Une jeune Dieppoise avec un enfant.
154 — Dieppois avec leurs femmes.
155 — Id.
156 — Id.
157 — Id.
158 — Id.
159 — Id.

FOURNIER (JEAN-ALBERT).

A Bordeaux, rue Esprit-des-Lois, 8.

160 — L'embarras.
161 — Le petit chaperon rouge.

FRANÇOIS (CHARLES-EMILE).

Méd. à Boulogne. — Ment. hon. à Rouen.

162 — Nature morte.

FROLICH (LORENZ).

163 — Biches dans la forêt.
164 — Un conte de Barbe Bleue.
165 — Un cochon.
166 — Le réveil; esquisse.

GADOU-BOYER.

A Bordeaux, rue Mondenard, 39.

167 — Portrait de Mlle Gadou-Boyer, en enlumineuse de manuscrits au temps de Charles IX; miniature.

168 — MM. O. et J.; miniature.
169 — Mlle L. M. et son chat.
170 — Mlle L. M.; miniature.
171 — Mlles O. C. B.; id.
172 — Portrait de Mlle O.; id.
173 — Les derniers moments du R. P. Lacordaire.
174 — Vierge moyen-âge.

GALOS (VICTOR).
Méd. verm. Bayonne. — 1re Méd. arg. Auch.
A Pau, place Bosquet, 25.
175 — Le lac de Cerizet, à Cauterets (Pyrénées).
176 — Le pont de l'Ousse au hameau de Pau, id.
177 — Les bords du Loü, environ de Pau, id.
178 — Un chemin creux, à Idron, id.
179 — Une étude de vache.
180 — Une pochade; figure.

GARNIER.
A Paris, chez M. Bourgeois, rue du Regard, 3.
181 — Vue prise à Valmondais (Corse).
182 — Vue de La Ferté-sous-Jouarre.

GERNON (E. DE).
Méd de 2e et 3e cl. Paris.
A Bordeaux, Allées de Tourny, 13.
183 — Vaches dans un pâturage.

GHIRARDI (THÉODORE).
A Paris, chez M. Mignol, passage Jouffroy, 22.
184 — Bords de la Seine, près Saint-Denis.

GIDE (Théophile), né à Paris, élève de MM. Paul Delaroche et L. Cogniet.

Méd. 3e cl. (Genre) 1861.

A Paris, boulevard des Batignolles, 7.

185 — Femme à la fontaine, à Laruns (B.-Pyrénées).

GOUEZOU (Joseph), né à Paris, élève de M. Henri Scheffer.

A Nantes (Loire-Inférieure), place du Pilori, 10.

Ment. hon. Paris 1861.

186 — La fête de l'Impératrice en Basse-Bretagne.

GRELLET (A.), en religion Frère Athanase des Ecoles Chrétiennes, né à Vienne (Isère), élève d'Horace Vernet et de M. Barrias.

A Passy-Paris, rue Basse, 46.

187 — L'Empereur et l'Impératrice en Auvergne.

MM. de Morny, Rouher et le général Martimprey accompagnant LL. MM. passant à Beaumont; le maire, M. Faye, présente une coupe d'argent pleine de vin à S. M. qui en boit le contenu et dit : « J'ai bu à la santé de la commune et du département. »

188 — Attaque du bastion central par la division Levaillant.

Siége de Sébastopol, 8 septembre 1855.

189 — Avant le combat.

GUÉRARD (Amédée), né à Sens (Yonne), élève de M. Picot.

190 — La Vendange.

GUICHARD, professeur de peinture à l'école des Beaux-Arts, à Lyon. — ✵

191 — Trois anges touristes.

GUIGOU (PAUL), élève de M. E. Loubon.
A Paris, rue de l'Abbaye, 51, Montmartre.
192 — Les bords de l'Arc, à Valaux (Provence).

GUILBERT (EUGÈNE), né à Castres (Tarn).
A Paris, rue de Tournon, 17.
193 — Retour de chasse.
194 — Adieux.

GUILLEMIN (ALEXANDRE-MARIE), élève de Gros. Méds 3e cl. (Genre) 1841. — 2e cl. 1845-1859. — ✱ 1861.
195 — Vanneuses d'Ossau (Basses-Pyrénées).

GUILLEMINET.
A Paris, route d'Italie, et chez M. Dugret, rue de Bondy, 80.
196 — Basse-cour.
197 — Intérieur d'étable.

HAGEMANN (GODEFROY DE), né à Naples (Italie), de parents hanovriens, élève M. Palizzi.
A Paris, rue Petrelle.
198 — Entrée au chemin des vaches à Marlotte.
199 — Ecluse à Montigny.
200 — Bords du Loing, près Socque.

HAUSSY (ARSÈNE-DÉSIRÉ D'), né à Paris, élève de M. Lazerges.
A Paris, rue de Lille, 13.
201 — Moutons en plaine.
202 — Pinsons, rouges-gorges, nature morte.

HAUTE (JEAN-BAPTISTE), né à Bordeaux, élève de MM. Lacour et Guillon-Lethière.

Méd. de 2e cl. et 1re cl. Bordeaux et Toulouse.

A Bordeaux, route du Médoc (Commune du Bouscat), 11.

203 — Gibier gardé par un chien.
204 — Un jeune joueur de basse.

HAUTIER (Mlle EUGÉNIE), née à Rennes (Ille-et Vilaine), élève de MM. Robert Fleury et Eug. Isabey.

Gde méd. arg. à Laval 1857. — Méd. arg. à Blois 1858.

A Paris, rue Notre-Dame-de-Lorette, 58.

205 — Nature morte (fruits).
206 — id.
207 — Fleurs.
208 — id.
209 — id.
210 — id.

HEREAU (P.-S.).

A Paris, chez M. Latouche, rue Pigalle, 59.

211 — Chevaux de halage.

HERTL (Mlle MÉLINA).

A Paris, rue du Battoir-Saint-Marcel.

212 — Pivoines de la Chine, azalées, clématites (pastel).

HINTZ (JULES), né à Hambourg, élève de M. Isabey.

A Paris, chez M. Dugrit, rue de Bondy, 80.

213 — Le port de Dives.
214 — La rade de Cherbourg.

HOGUET, né à Berlin (Prusse), élève de M. Eugène Isabey.

A Paris, chez M. Durand-Buel, rue de la Paix, 1.

215 — Plage à marée basse.

IBAR (Mlle Berthe), née à Bordeaux, élève de M. Bernède.

Rue Constantin, 34.

216 — Portrait de Mlle Berthe-Ibar.

KURVASSEY (C.) fils, né à Drevail (Seine-et-Oise), élève de son père et de M. Durand-Brager.

A Paris, rue Folie-Méricourt, 46.

217 — Vue d'Auray (Bretagne).

218 — Vue du port de Pornic, id.

LAROCHE (A.).

A Paris, rue d'Aumale, 17.

219 — Citerne à Alexandrie (Egypte).

220 — Nymphe endormie.

221 — Café arabe, à Alexandrie.

LATAPIE (Victor-Alfred).

Méd. à l'Ecole des Beaux-Arts.

A Paris, rue de Lancry, 55.

222 — Un naufrage.

LAURENS (Jean-Paul), né à Fourquevaux (Haute-Garonne), élève de MM. Léon Coignet et Bida.

A Paris, rue de l'Ouest, 62-64.

223 — Mort de Caton d'Utique.

LAURET (EMMANUEL-JOSEPH).

A Alger, rue Napoléon; et à Biarritz, maison Sarniguet.

224 — Vue de Biarritz prise du grand escalier sous le phare.

225 — Vue de la chapelle de Biarritz.

LAYS (JEAN-PIERRE), né à St-Barthélemy-Lestra (Loire), élève de St-Jean.

A Lyon, rue des Capucins, 6.

226 — Un bouquet de fleurs variées dans une grotte.

227 — Une guirlande autour d'une pendule antique.

LEBEL (EDMOND), né à Amiens (Somme), élève de M. Léon Cogniet.

Méd. arg. Amiens 1861.

A Duhy, par Amiens.

228 — Le joueur de biniou (Finistère).

229 — Intérieur à Cervara (Etats Pontificaux).

230 — Id. de cour, à Capri, près Naples.

LECOMTE-DUNOUY (JULES-JEAN-ANTOINE), né à Paris, élève de MM. Signol et Gleyre.

A Paris, boulevard Montparnasse (cité Odessa), 2.

231 — Françoise de Rimini et Paolo.

Comme deux colombes, appelées par leurs désirs, volent vers le doux nid d'une aile ouverte et ferme, et portées dans l'air par même vouloir.

(*La Divine Comédie* du Dante, *l'Enfer*, chant V.)

LECRAN (Mlle MARGUERITE-ZÉOLIDE), née à Bordeaux (Gironde), élève de MM. Pérignon père et Picot.

Ment. hon. Exps Paris 1863 et autrichiennes. — Méds br. Exp. univ. à Toulouse 1858. — Besançon 1860.

A Paris (cité Gaillard), rue Blanche, 5.

232 — La veillée.

LEFORTIER (HENRI), né à Sèvres (Seine-et-Oise), élève de MM. Remond et Corot.

Ment. hon. exp. Paris 1861. — Méds exp. de province.

A Paris, rue des Grands-Augustins, 32.

233 — Bords d'un étang.

234 — Matinée de printemps.

LEGRAND (ALEXANDRE), élève de Léon Cogniet.

Méds à Boulogne-sur-Mer et à Saint-Quentin. — ment. hon. à Montpellier et à Moulins.

A Paris, quai Bourbon, 15 (île Saint-Louis).

235 — Le cachot.

MÉPHISTOPHÉLÈS, se montrant au dehors.
Sortez, où vous êtes perdus.
Que de paroles inutiles; que de retards et d'incertitudes!
Mes chevaux s'agitent et le jour commence à poindre.

MARGUERITE.
Qui s'élève ainsi de la terre? Lui! lui!
Chasse-le vite, que vient-il faire dans le saint lieu?
C'est moi qu'il veut.

FAUST.

Il faut que tu vives!

MARGUERITE.

Justice de Dieu, je me suis livrée à toi.

MÉPHISTOPHÉLÈS à Faust.

Viens! viens! ou je t'abandonne avec elle sous le [couteau!

LEJEUNE (EUGÈNE).

A Paris, rue de l'Ouest, 50.

236 — La terre.

237 — L'air.

238 — Le feu.

239 — L'eau.

LELEUX (ADOLPHE), né à Paris.

Méd. de 3e cl. (Genre) 1842. — Méd1 2e cl. 1843 et 1848. — ✻ 1855 [EX].

240 — Un marché conclu (Basse-Bretagne).

LENER.

A Paris, cité Trévise, 5.

241 — Une ferme en Normandie.

LEPAULLE (FRANÇOIS-GUILLAUME-GABRIEL), né à Versailles (Seine-et-Oise), élève de Regnault.

Méd. de 2e cl. (genre historique) 1830 [EX].

A Paris, rue des Martyrs, 27.

242 — La prière.

LEPÈRE (FRANÇOIS), élève de M Bude.

A Paris, Montrouge, route d'Orléans, 64.

243 — La Dormeuse (terre cuite originale). Genre Louis XV.

LE PIPPRE (EMERIC-MARIE-SEPTIME), né à Montfort-l'Amaury (Seine-et-Oise), élève de MM. T Couture et D. Dumarescq.

A Bordeaux, rue Jean-Jacques-Rousseau, 18.

244 — Un rendez-vous de chasse.

LESCA (LOUISE).

A Paris, rue de Berlin, 23.

245 — Fruits et fleurs.

246 — Etudes de roses; aquarelle.

LE VÉEL (ARMAND), né à Briquebec (Manche) élève de F. Brude.

✱ — Exp. 1863.

A Paris, rue de Varennes, 80.

247 — Le général Marceau, statuette équestre; bronze

LEVY (EMILE), né à Paris.

Grand prix de Rome 1854 (Histoire). — Méd. de 3e cl. 1859.

A Paris, rue de Larochefoucault, 64.

248 — Vercingétorix se rendant à César.

« Vercingétorix n'attendit point que les centurions romains le traînassent pieds et poings liés aux genoux de César. Montant sur son cheval, enharnaché comme dans un jour de bataille, revêtu lui-même de sa plus riche armure, il sortit d'Alésia, et traversa au galop l'intervalle des deux camps, jusqu'au lieu où siégeait le proconsul......... Il sauta de cheval, et prenant son épée, son javelot et son casque, il les jeta aux pieds du Romain sans prononcer une parole. » Amédée THIERRY.

LOUSTAU-MARIO (Mme), élève de M. Lesourd de Beauregard.

A Paris, — Belleville, rue de La Villette, 55.

249 — Ceps de vigne.

LOYER (Auguste), né à Rennes (Ille-et-Vilaine). Ment. hon. Paris 1861.

A Paris, rue Fontaine-St-Georges, 38 (bis).

250 — Les Français après le combat.

A Magenta, sur une charrette, gîsait, presque mourant, un Autrichien blessé à la tête et à la poitrine; un zouave, également blessé, mais oubliant ses propres souffrances, pressait une orange sur les lèvres enflammées du Croate. — *Guerre d'Italie.*

MARQUERIE (Gustave-Lucien), élève de MM. Drolling et Picot.

Ment. hon. Exp. Paris 1857-1859.

A Paris, rue Tournon, 8.

251 — Le pasteur Obertin, fondateur des salles d'asile.
252 — Portrait (étude).

MATHIEU (Auguste), né Dijon (Côte-d'Or), élève de M. Ciceri.

Méd. de 3e cl. (Genre) 1842. — ✻ 1859. — [ex].

A Paris, rue Chaptal, 15.

253 — Eglise de Pavilly (Normandie).
254 — Les bonnes sœurs.
255 — Souvenirs de Normandie.

MERLE (HUGUES), né à Saint-Marcelin (Isère) élève de M. Léon Cogniet.

Méd. de 2e cl. (Histoire) 1861 et 1863.

A Paris, chez M. Durand-Ruel, rue de la Paix, 1

256 — Le Concert.
257 — Intérieur breton.

MERME (CHARLES), né à Cherbourg (Manche).

A Lorient (Morbihan) et à Paris, chez M. J Signac, passage du Panorama, 28.

258 — Souvenir de Vitré (Ille-et-Vilaine).
259 — La sainte fontaine.

MERYON (CHARLES), élève de MM. Cordouan, Phi lippes et E. Bléry.

Rue Duperré, 20.

260 — La rue des Chantres à Paris, en 1862, eau forte.
261 — Greniers indigènes et habitations à Akarod (Nouvelle-Zélande), id.
262 — Le grand Châtelet, à Paris, id.

MINGAUD (Mlle CÉLESTE), née à Bordeaux.

A Bordeaux, chemin de St-Genès, 136.

263 — Le Piferaro; esquisse.
264 — Cloître de Toulouse; musée des antiques (Haute-Garonne).
265 — Vue de Talence (Gironde).
266 — La Sœur de Charité; mine de plomb.
267 — Portrait; mine de plomb.
268 — Le puits; mine de plomb.

MINGAUD (Mlle Léontine), née à Bordeaux.

A Bordeaux, chemin de St-Genès, 136.

269 — Les lavandières.

270 — Une petite ferme; envir. de Savignac (Gironde).

271 — Nature morte.

MONFALLET (Adolphe-François), né à Bordeaux (Gironde), élève de Drolling et de MM. Picot et Yvon.

A Paris, rue de Sèvres, 89.

272 — La musique.

MONTOLANT (J.-O. de), élève de M. H. Durand-Brager.

A Paris, rue d'Amsterdam, 71.

273 — Vue du cirque de Gavarnie.

274 — Environs de Luchon.

MORIN (Gustave), élève de MM. de Chaumont et Léon Cogniet.

Méd• d'or à Rouen et à Caen. — Gde méd. d'or à Rouen. — Méds d'arg.

A Rouen, enclave Ste-Marie.

275 — Une explication de commères.

276 — Le vaincu.

277 — Le Chemin de l'école.

MOULIGNON (Léopold de), élève de MM. Paul Delaroche et Picot.

Ment. hon. à Paris 1861. — Méd. d'arg. à Amiens 1861. — Ment. hon. à Nantes 1861. Méd. de bronze à Boulogne 1862.

A Paris, rue de Bruxelles, 28.

278 — La leçon donnée.

MOYSE (Edouard), né à Nancy (Meurthe), élève
Drolling.

A Paris, rue du Parc-Royal, 12 (Marais).

279 — Une discussion théologique

280 — Ecole juive, à Milianah (Algérie).

NIVET-FONTAUBERT (Mme Amélie).

Méd. à Bordeaux et à Limoges.

281 — Sybille dans le parc de Ferias (Octave Feuille

282 — Effet du matin; bords de la Briance (Limousin

283 — Les couturières de village (Limousin).

284 — Seulette !

285 — Eh ! bonjour, chère !

OUVRIÉ (Justin), né à Paris, élève d'Abel
Pujol et de MM. Taylor et Châtillon.

Méd. de 2e cl. 1831. — 1re cl. 1843. — 3e c
(genre et paysage) 1855, ❋ 1854 [ex].

A Paris, rue Pigalle, 77.

286 — Boppart sur le Rhin.

PAULIN-HEBERT (Edouard-Ernest).

Ment. hon. Nantes 1861. — Méds 3e cl. Me
1861. — Rouen 1862.

A Paris, rue de Lancry, 7.

287 — Le repos.

288 — La prière; dessin rehaussé de couleur.

PELLETIER (Joseph-Laurent), né à Eclar
(Haute-Marne).

Méd. 3e cl. — Exp. Paris 1841. — Méd. 2e c
1846. — Rappel. — Méd. verm. Rouen. -
Méds Moulin, Metz. — Méd. arg. Besanço

289 — Cascade dans les Pyrénées; aquarelle.

290 — Une rue de village ; id.
291 — Vue prise à Montmartre ; id.

PELLETIER (Mme LAURENT, née Eugénie TOURNEL), née à Paris.
A Paris, Montmartre, rue de l'Empereur, 55.
292 — Fruits.
293 — Fleurs et fruits.

PEULOT (JULIEN-ANTOINE), né à Montfermeil (Seine-et-Oise), élève de M. Carbonneau.
A Montfermeil (Seine-et-Oise).
294 — Deux femmes près d'un ruisseau, d'après Genoels, dessin de Freeman ; gravure sur bois.
295 — Les bords de l'Oise, dessin de Daubigny ; id.
296 — Colonnade du parc de Monceaux, dessin de M. Stock ; id.

PEYROL (Mme née JULIETTE BONHEUR).
A Paris, rue Hautefeuille, 24.
297 — Retour de la maraude.

PEZOUS (JEAN), né à Toulon (Var), élève de M. Victor Orsel.
A Paris, rue Monsieur-le-Prince, 22.
298 — Militaires.

PHILIPART (CHARLES), né à Auxerre (Yonne), élève de M. Lesourd de Beauregard.
A Paris, rue Bréa, 21.
299 — Corbeille de fleurs.
300 — Fruits.

PICOT (Mme Julie), née à Paris, élève de M. I
douté.

Méd. br. 1842. — Trois méds arg. 1853-1854.
Méd. verm. 1855.

301 — Un groupe de dahlias.
302 — Un vase de fleurs.
303 — Un bouquet de roses.

PIERDON (H.), élève de l'école de dessin de Mo
lins.

Prix de 800 fr. du départ. de l'Allier 1857.
Méd. br. à Moulins 1862.

A Boulogne (Seine), Rond-Point, 11.

304 — Types de mœurs de la vie parisienne.
305 — Les plaisirs de la chasse et une halte d'Arab
306 — Lisière de forêt vierge en Australie.
307 — Gravures sur bois.

PIGANEAU (Auguste-Adrien), né à Aix (Bouche
du-Rhône), élève de l'école de Bordeaux
des Beaux-Arts de Paris.

A Bordeaux, cours d'Albret, 7.

308 — Les adieux à la payse.

PINTA (Amable-Louis), né à Ervi (Aube), élève
M. Fd Dupuis.

A Paris, quai d'Anjou, 9.

309 — Enfants de pêcheurs.

PONTHUS-CINIER.

A Lyon, place Montuzet.

310 — Une soulaie.

PORTE (Mme ADÈLE DE LA), élève de Steuben.
A Paris, rue Saint-Benoît, 27.
311 — Roses.
312 — Fruits, fraises et framboises.
313 — Chiens, deux amis d'infortune.

PUVIS (Mlle).
A Lyon, quai Pierre-Seize, 23.
314 — Fleurs et fruits.

PUYROCHE-WAGNER (Mme ELISE).
A Lyon, avenue de Noailles.
— Printemps ; fleurs.
315 — Groupe de chrysenthèmes.

RENIÉ.
316 — Paysage.

RIBOT (AUGUSTIN-THÉODULE), né à Breteuil (Eure), élève de M. Glaize.
A Colombe (Seine).
317 — Cuisiniers.

ROHARD (LÉON), né à Trelasé (Maine et-Loire), élève de M. Constant Dufeux.
Méd. d'or, exp. Paris 1863.
A Paris, rue des Postes, 89.
318 — Projet de restauration de la salle basse de la préfecture d'Angers et de construction d'une orangerie adjacente. *8 dessins même numéro.*
319 — Projet de marché pour la ville de Baugé (Maine-et-Loire), façade et deux plans.

320 — Projet d'amphithéâtre d'histoire naturelle à exé
cuter au Jardin-des-Plantes à Paris, façade e
plan.

ROUSSEAU (Théodore), né à Paris.
Méd. 3e cl. (Genre) 1845. — Méd. 2e cl. 185
— Méd. 1re cl. 1848. — ✱ 1852. — [ex].
A Paris, rue de Laval, 26.

322 — Vue prise en Vendée.

ROSIER (Amédée), né à Meaux (Seine-et-Marne
élève de MM. Léon Cogniet et Durand-Brage
A Paris, rue des Martyrs, 24.

323 — Constantinople, soleil couchant.
324 — Constantinople, vue du Bosphore.
325 — Grand canal de Venise, effet de lune.
326 — Maison arabe sur le lac de Tunis.

ROUX (Louis), né à Paris, élève de Paul Delaroche
Méd. de 3e cl. (Histoire) 1846. — Méd. de 2e c
1857. — Rappel 1859 [ex].
A Paris, chez M. Durand-Ruel, rue de la Paix,

327 — Scène d'intérieur.

ROZIER (Jules), né à Paris, élève de M. V. Berti
et de Paul Delaroche.
A Paris, chez M. Mignol, passage Jouffroy, 2

328 — Bords de la Seine à Bonnières (Seine-et-Oise.
329 — Bords de l'Oise, à Anvers.
330 — Ile Marande à Argenteuil.
331 — Vue d'Argenteuil.
332 — Le chemin de Buzon.

SAIN (Edouard-Alexandre), né à Cluny (Saône-et-Loire), élève de M. Picot.

Ment. hon. exp. Paris 1857-1859-1861-1863. — Méd[s] Dijon, Rouen, Metz.

A Paris, chemin de ronde Rochechouart, 3.

333 — Le départ pour la messe, à Laruns (Bas-Pyrén).
334 — Le départ pour la fête, à Laruns (Bas-Pyrén).
335 — Les petits marins (souvenir de Biarritz).

SAINT-CYR GIRIER.

A la Verpillère (Isère).

336 — Le soir à la Verpillère.

SALLES (Jules), né à Nîmes (Gard), élève de Paul Delaroche.

A Nîmes, place St-Paul, 4.

337 — Les Cascarottes.

SAUVAGEOT (Charles-Théodore), né à Paris.

Cour de Rohan, 3 bis (passage du Commerce).

338 — Un vieux moulin sur la Marne, à Champigny,

SERRES (Antony), né à Bordeaux (Gironde).

A Paris, rue Chaptal, 5.

339 — S. Ex. le cardinal Donnet en tournée pastorale.

TRAYER (Jean-Baptiste-Jules), né à Paris, élève de son père et de M. Lequien.

Méd. de 3e cl. (genre) 1853-1855.

A Paris, chez M. Durand-Ruel, rue de la Paix, 1.

340 — La toilette.

TRONVILLE (F.-J.).

A Paris, rue Miromenil, 43.

341 — Sauvetage après la tempête (côtes de Bretagne).

ULMANN (BENJAMIN), né à Blotzheim (Haut-Rhin) élève de Drolling et de M. Picot.

Premier grand prix de Rome (Histoire) 1859.

Méd. de 3e cl. (Histoire) 1859.

A Rome, Académie de France ; et à Paris, chez M. Ph. Ulmann, rue Notre-Dame-des-Victoires, 25.

342 — Samson et Dalila.

ULYSSE (P.)

A Paris, chez M. Latouche, rue Pigale, 59.

343 — L'adultère.

VENAT (Victor), né à Pau.

Méds Auch ; bronze, Bayonne.

A Pau, rue du Collége, 6.

344 — Une émigration de troupeau, vallée d'Azun (Basses-Pyrénées).

345 — Etude de châtaignes, à Navailles (B.-Pyrénées).

346 — Le col d'Aïgouste, Eaux-Chaudes, id.

347 — Les bords de l'Ousse, à Lée, id.

348 — Le Pas de Biou-Artigue, Eaux-Chaudes, id.

VERREAUX (LOUIS), né à Paris.

A Paris, quai Voltaire, 7.

349 — Vue de côte, souvenir de Boulogne-sur-Mer.

VERVLOET (Mlle AUGUSTINE), née à Bruxelles.
A Paris, chez M. Durand-Ruel, rue de la Paix, 1.
350 — Fruits et nature morte.

VEYRASSAT (JULES-JACQUES), né à Paris.
A Paris, boulevard des Martyrs, 8.
351 — Paysans basques allant au marché.
352 — Retour des champs, environs de Paris.

VIDAL (LOUIS-NAVATEL dit), né à Nîmes (Gard), élève de Barye.
Méd. de 3e cl. (sculpture) 1861. — Rappel 1863.
A Paris, rue Monthyon, 11.
353 — Lionne (bronze).
354 — Jaguar.

VILLEMS (FLORENT), né à Liége (Belgique).
Méd. de 3e cl. (genre) 1844. — Méd. de 2e cl. 1846. — Méd. de 1re cl. 1855, ✱ 1853 [EX].
A Paris, chez M. Durand-Ruel, rue de la Paix, 1.
355 — Jeune fille faisant un bouquet.

VIOT (ANTONY).
A Bourg (Ain).
356 — Marécages à l'extrémité du lac de Chalain (Jura).
357 — Cours de l'Albarine (Bugey).

VOLLON (A.)
A Paris, chez M. Latouche, rue Pigale, 59.
358 — Le joueur de bilboquet.

WORMS (JULES), né à Paris, élève de M. Lafosse.
A Paris, rue de Douai, 39.
359 — Un campement de zouaves.

WYLD (VILLIAM), né à Londres (Grande-Bretagne).
Méd. de 3e cl. (Marine) 1859. — Méd. de 2e cl. 1851, ✻ 1855.
A Paris, chez M. Durand-Ruel, rue de la Paix, 1.

360 — Vue prise aux environs de Beyrouth.
361 — Vue d'Alep.

ZO (ACHILLE), né à Bayonne (Basses-Pyrénées), élève de MM. Feillet et T. Couture.
Méd. verm. Bayonne.
A Paris, rue du Faubourg St-Denis, 174.

362 — Posada San Rafaël, à Cordoue.
363 — Bohémiens en voyage.

www.ingramcontent.com/pod-product-compliance
Ingram Content Group UK Ltd.
Pitfield, Milton Keynes, MK11 3LW, UK
UKHW020402220726
13923UKWH00004B/1692